Armin Täubner

Stille Nacht, Heilige Nacht

Filigrane Fensterbilder aus Tonkarton, ganz in Weiß

frechverlag

Im frechverlag sind von Armin Täubner weitere Bücher zum Thema „Basteln mit Tonkarton“ erschienen. Hier eine Auswahl:

TOPP 1849

TOPP 1846

TOPP 1707

Wir danken für die freundliche Abdruckgenehmigung für das Lied von S. 3, entnommen aus: „Advents- und Weihnachtslieder, zum Mitsingen für die ganze Familie“, herausgegeben von Walter Hansen, Orbis Verlag, 1991.

Zeichnungen und Illustrationen: Armin Täubner

Fotos: frechverlag GmbH + Co. Druck KG, 70499 Stuttgart; Birgitt Gutermuth

Auflage: 5. 4. 3. 2. | Letzte Zahlen
Jahr: 1999 98 97 96 95 | maßgebend

frechverlag GmbH + Co. Druck KG, 70499 Stuttgart

ISBN 3-7724-1980-1 · Best.-Nr. 1980

Druck: frechverlag GmbH + Co. Druck KG, 70499 Stuttgart

Stille Nacht, Heilige Nacht

Stille Nacht! Heilige Nacht!
Gottes Sohn, o wie lacht
Lieb' aus deinem göttlichen Mund,
da uns schlägt die rettende Stund':
|: Christ, in deiner Geburt. :|

Stille Nacht! Heilige Nacht,
die der Welt Heil gebracht;
aus des Himmels goldenen Höhn,
uns der Gnade Fülle läßt sehn:
|: Jesum in Menschengestalt. :|

Stille Nacht! Heilige Nacht!
Wo sich heut' alle Macht
väterlicher Liebe ergoß,
und als Bruder huldvoll umschloß
|: Jesus die Völker der Welt. :|

Stille Nacht! Heilige Nacht!
Lange schon uns bedacht,
als der Herr, vom Grimme befreit,
in der Väter urgrauer Zeit
|: aller Welt Schonung verhieß. :|

Stille Nacht! Heilige Nacht!
Hirten erst kundgemacht.
Durch der Engel Halleluja
tönt es laut von fern und nah:
|: Christ, der Retter ist da! :|

24.12.1818

Text: **Joseph Mohr**
Musik: **Franz Gruber**

Schritt-für-Schritt-Anleitung

★ 1 ★

Pausen Sie das Motiv mit Bleistift auf kräftiges Transparentpapier (Architektenpapier) ab, oder machen Sie einfach eine Fotokopie davon.

★ 2 ★

Das abgepauste Motiv bzw. die Fotokopie wird nun mit dem Klammerhefter mehrfach auf weißem Karton (250 g bis 300 g) fixiert.

★ 3 ★

Geschnitten wird durch das Transparentpapier bzw. die Fotokopie direkt in den Karton, und zwar fast ausschließlich mit dem Cutter.

Für sehr enge Kurvenschnitte eignet sich ein Grafikermesser am besten, weil es eine spitzere Klinge als der Cutter hat. Achten Sie auf eine geeignete, feste Schneideunterlage. Zuerst werden immer die kleinen Flächen herausgearbeitet. Es folgen die großen Innenflächen, bevor zum Schluß der äußere Rand nachgeschnitten wird.

4

Das Fensterbild kann abschließend noch mit einem Goldstift oder mit Malglitter verziert werden. Der Goldstift ist für das gleichmäßige Einfärben größerer Flächen nur bedingt geeignet. Am besten gelingen lineare Strukturen, Kreuze, Sternchen, Punkte oder Kreise. Sie können auch Goldstift und Malglitter kombinieren.

Weihnachts-musik

Schneidefolge:
- Innenfläche des Heiligenscheins
- Fläche zwischen Flöte und Arm
- Innenflächen des Rahmens
- Fläche hinter dem Engel
- Äußere Kontur des Heiligenscheins
- Restliche Innenfläche
- Äußere Kontur

Bemalung:
Haare und Flöte werden mit dem Goldstift angemalt. Das Kleid kann zusätzlich mit Punkten, kleinen Kreuzen etc. verziert werden.

Holder Knabe

Schneidefolge:

- Flächen links und rechts vom Krippenbein
- Flächen im Sternschweif
- Fläche zwischen Maria und Christkind
- Kontur von Christkind und Stern
- Große Innenfläche
- Äußere Kontur

Bemalung:

Mit Bleistift wird die Kontur von Marias Haaren und vom Stroh in der Krippe und am Boden leicht vorgezeichnet. Ziehen Sie die Linien mit Goldstift nach, und malen Sie die Flächen aus. Der Stern wird ebenfalls angemalt.

Adventslicht

Schneidefolge:
- Kontur der Kerzenflamme
- Innenfläche des Kerzenscheins
- Äußere Kontur

Bemalung:
Ziehen Sie die innere und äußere Kontur des Lichtscheins mit dem Goldstift nach. Der Umriß des sternförmigen Kerzenhalters kann ebenfalls nachgezeichnet werden. Beim Anmalen der Flamme wird der weiße Docht ausgespart.

Variation:
Das Adventslicht kann verkleinert auch an den Weihnachtsbaum oder an ein Päckchen gehängt werden.

Weihnachtsengel

Schneidefolge:

- Die Sterne auf dem Kleid
- Das Gesicht
- Die Innenflächen der Flügel
- Der Kragen
- Die Konturen des Sterns auf dem Kopf und der Kerzen
- Die restliche äußere Kontur

Bemalung:

Sind die Haare und die Kerzen mit Goldfarbe bemalt, kann auch noch das Kleid verziert werden.

Die Heilige Familie

Schneidefolge:

- Dreieckige Innenflächen der Laterne
- Flächen zwischen Maria und Krippe bzw. zwischen den Krippenbeinen
- Fläche hinter Josef
- Restliche Innenfläche
- Sterne
- Innenfläche des geschweiften Sterns
- Äußere Kontur

Bemalung:

Mit dem Goldstift werden Marias Haare, Josefs Hut, Laterne sowie der große Stern angemalt.

Das traute hochheilige Paar

Schneidefolge:

- ✂ Innenflächen der Heiligenscheine
- ✂ Äußere Konturen der Heiligenscheine
- ✂ Flächen zwischen Eselbeinen und -schwanz
- ✂ Fläche zwischen Maria und Esel
- ✂ Fläche zwischen Josef und Esel
- ✂ Fläche zwischen Josef und Stock
- ✂ Äußere Kontur

Bemalung:

Zeichnen Sie leicht mit Bleistift den Umriß der Haare von Maria und Josef sowie das Zaumzeug des Esels auf. Anschließend werden die Bleistiftlinien mit dem Goldstift nachgezogen und die Haare sowie Josefs Stock in Gold angemalt.

Stille Nacht

Schneidefolge:
✂ Fläche zwischen den Krippenbeinen ✂ Konturen des Christkindes und des Strohs ✂ Konturen des Kometen ✂ Innenfläche ✂ Äußere Kontur

Bemalung:
Die Umrisse der Stroheinlage in der Krippe können Sie entweder leicht mit Bleistift auf das Fensterbild zeichnen, oder Sie fertigen eine Schablone an. Malen Sie das Stroh in Gold an. Nun können Sie die äußere und die innere Kontur des Rahmens mit Goldstift nachziehen.

Und sie legte ihn in eine Krippe

Schneidefolge:

- ✂ Innenflächen der Zierstreifen am oberen und unteren Bildrand
- ✂ Flächen unter und neben der Krippe
- ✂ Flächen unter dem Esel
- ✂ Flächen um Ochse und Katze
- ✂ Innenfläche des Heiligenscheins
- ✂ Äußere Kontur des Heiligenscheins
- ✂ Restliche Innenflächen
- ✂ Äußere Kontur

Bemalung:

Am oberen und unteren Bildrand wird mit Lineal und Goldstift jeweils eine Leiste aufgemalt. Anschließend wird noch das Stroh in Gold angemalt. Teilweise muß die Kontur des Strohs mit Bleistift leicht vorgezeichnet werden.

Der Stall in Bethlehem

Schneidefolge:

- Lücken im Dach und im Gebälk
- Zwischenräume im Viehgatter
- Innenfläche des Sterns
- Fläche zwischen Dach und Stern
- Innenflächen der Heiligenscheine
- Fläche zwischen Maria und Josef
- Fläche zwischen Ochse und Josef
- Äußere Konturen der Heiligenscheine
- Große Innenfläche
- Äußere Kontur

Bemalung:

Mit dem Goldstift malen Sie die Haare von Maria und Josef sowie die Hörner des Ochsen an. Stern und Bodenfläche werden mit dem Goldstift konturiert. Abschließend goldene Nägel auf das Gebälk tupfen.

Schlaf in himmlischer Ruh'

Schneidefolge:

- Fläche zwischen den Krippenbeinen
- Halbkreisförmige Fläche unter der Krippe
- Innenfläche des Heiligenscheins
- Äußere Kontur des Heiligenscheins
- Kontur von Hand, Beinen und Stroh
- Große Innenfläche
- Äußere Kontur

Bemalung:

Zeichnen Sie mit Bleistift ganz leicht die Zacken der Stroheinlage in der Krippe vor, bevor die Linien mit Goldstift nachgezogen werden und dann das Stroh in Gold angemalt wird. Sie können natürlich auch eine Schablone des Strohbüschels anfertigen und die Umrisse auf das Fensterbild übertragen.

Hirten auf dem Weg zum Stall

Schneidefolge:

- Flächen zwischen den beiden Hirten
- Flächen zwischen den Beinen des stehenden Schafes
- Fläche um das stehende Schaf
- Konturen der Hirten und des liegenden Schafes
- Fläche um den Stern
- Fläche um den Sternschweif
- Fläche um die Hirten
- Äußere Kontur

Bemalung:

Malen Sie den Stern sowie den Stock und die Hüte der Hirten in Gold an. Die Grasbüschel zeichnen Sie am besten leicht mit Bleistift vor, bevor sie mit Goldstift konturiert und ausgemalt werden.

Kaspar, Melchior und Balthasar

Schneidefolge:

- ✂ Innenfläche des Heiligenscheins
- ✂ Flächen zwischen den Königen und der Krippe
- ✂ Zwischenräume im Stalldach
- ✂ Äußere Kontur des Heiligenscheins
- ✂ Große Innenfläche
- ✂ Äußere Kontur des Fensterbildes

Bemalung:

Malen Sie mit dem Goldstift Kronen, Heiligenschein, Geschenk sowie das Stroh in der Krippe an. Anschließend werden die Könige, der Stern und das Stroh am Boden mit dem Goldstift konturiert. Die königlichen Gewänder können Sie nach Ihrem Geschmack mit aufgemalten Mustern verzieren.

Maria und das Kind

Schneidefolge:

- Innenflächen des Rahmens
- Fläche zwischen den Stuhlbeinen
- Innenflächen der beiden Heiligenscheine
- Äußere Kontur der Heiligenscheine
- Große Innenfläche
- Äußere Kontur

Bemalung:

Zunächst werden die Haare von Maria und dem Kind goldfarben angemalt. Es folgen Stern, Stuhl und Schuh. Mit Lineal und Goldstift zeichnen Sie noch drei goldene Linien auf die weißen Stege der Bodenfläche.

Der Stall im Winterwald

Schneidefolge:
✂ Konturen von Maria und Josef ✂ Innenfläche des Stalls und Stallfenster ✂ Flächen zwischen den Tannen unterhalb und neben dem Stall ✂ Kontur des Sterns ✂ Fläche rechts neben dem Stern ✂ Fläche links neben dem Stern ✂ Äußere Kontur

Bemalung:
Bemalen Sie die Heilige Familie und den geschweiften Stern mit dem Goldstift.

Durch der Engel Halleluja

Schneidefolge:

- Quadratische Innenflächen des Rahmens
- Restliche Innenflächen des Rahmens
- Kerzenschein
- Fläche unter dem Arm
- Fläche unter den Flügeln
- Fläche über dem Engel
- Äußere Kontur

Bemalung:

Malen Sie Haare und Kerze mit dem Goldstift an. Nun können Sie Kleid und Rahmen mit aufgetupften Punkten verzieren.

Sterne

Schneidefolge:

- ✂ Kleine Dreiecke in den Sternzacken
- ✂ Sechseckige Innenflächen der Sterne
- ✂ Flächen zwischen den Sternen
- ✂ Äußere Kontur

Bemalen:
Die Sterne und eventuell auch der Rahmen werden mit dem Goldstift bemalt und mit Mustern verziert.